AF357385

LES

RÉGATES

FANTASTIQUES,

REVUE NORMANDE EN TROIS ACTES, MÊLÉE DE CHANT ET DE DANSE,

PAR UN CANOTIER DE LA SCÈNE.

---

*Représentée pour la première fois, à Rouen, sur le Théâtre-des-Arts
le 16 octobre 1852.*

Prix : 60 Centimes.

ROUEN.

CHARLES HAULARD, LIBRAIRE DE LA PRÉFECTURE,

RUE GRAND-PONT, 27 ET 29.

1852

LES

RÉGATES

FANTASTIQUES,

REVUE NORMANDE EN TROIS ACTES, MÊLÉE DE CHANT ET DE DANSE,

PAR UN CANOTIER DE LA SCÈNE.

———

Représentée pour la première fois, à Rouen, sur le Théâtre-des-Arts
le 16 octobre 1852.

ROUEN,
CHARLES HAULARD, LIBRAIRE DE LA PRÉFECTURE,
RUE GRAND-PONT, 27 ET 29.

——

1852

DISTRIBUTION.

PERSONNAGES.	ACTEURS.	PERSONNAGES.	ACTEURS.
Gros-Horloge.	MM. Cosson.	*Le Marchand de mouron*,	
Le Havre,	Patrat.	*La Nouvelle-Cloche*,	H. Monnier.
Tivoli,		*Le petite-fils de Basselin*,	
Octave,	Rolland.	1re *Dame aux Camélias*,	Mélanie Paul.
Cyprien,	Berret.	*La Mailleraye*,	Hermance.
Bouracan,		*Jumièges*,	Adeline.
Le Journal de Rouen.	Isidore.	*Tancarville*,	Elisa.
Le Gros-Bourdon,		*Quillebeuf*,	Sophie.
Un Actionnaire,	Scipion.	*La Bouille*,	
Beaucadet la Carue.	Clément.	*Primitive*,	Darty.
Dardar,	Leroy.	2me *Dame aux Camélias*,	
Courtoujours,	Bourget.	*Cigarette*,	Meyer.
Basse-Seine,	Mmes Viette.	*Amanda*,	Irma Malon.
Mme Léclair,	Millet.	*Mary-Annah*,	
		Nanette,	Demonchy.

PERSONNAGES MUETS.

Eperlan, — le *Nouvelliste*, — la *Normandie*, — le Libre-Échange. — la Caisse d'Epargnes,
— le Cabaret, — deux Cloches, — deux Habitués du théâtre: l'un porteur d'une carte
d'abonnement, l'autre porteur d'un cachet.

DIVERTISSEMENTS

Dansés par Mlles Richard, Méry Duruisselle, Bolzaguet, Maria, Eugénie, Annette et
M. Massartic.

CARROUSEL

Exécuté par Mmes Malon, Richard, Méry Duruisselle, Clara, Bolzaguet, Maria, Eugénie,
Sophie, Eliza, Adeline, Aimée, Juliette, et M. Marssartic.

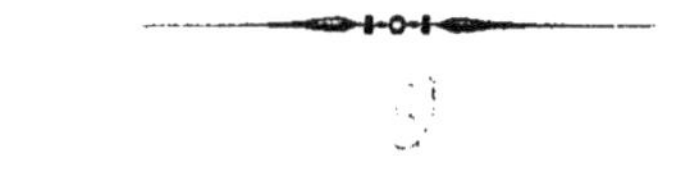

L'acte premier se passe à Sotteville, le second dans un hôtel de Rouen, le troisième sur le
quai de la Bourse.

LES
RÉGATES FANTASTIQUES,

REVUE NORMANDE EN TROIS ACTES.

ACTE PREMIER.

(La houillère de Sotteville.)

Le théâtre représente un site local au milieu duquel s'élève, bâtie en planches et surmontée d'une sorte de clocheton, la cage sous laquelle s'opère le travail du sondage.

SCÈNE PREMIÈRE.

Ouvriers. — 1er actionnaire. — 2e actionnaire. — Deux actionnaires muets. — Un chef ouvrier. — Peuple des deux sexes.

, Au lever du rideau le chef ouvrier entre dans la cage avec ses ouvriers et ferme la porte.)

CHOEUR D'OUVRIERS (*à l'intérieur*).

Air :

Amis ne cherchons pas,
L'or c'est une chimère,
La houille est sous nos pas,
Fouillons *bis*, la terre.

1er Actionnaire. —Allons mes chers co-sociétaires, hâtons le pas.

CHOEUR D'ACTIONNAIRES.

Air :

Courons, courons, vers ce terrain qu'on fouille,
Car, aujourd'hui, les calculs sont certains ;
Nos travailleurs vont découvrir la houille
Au grand dépit des peuples, nos voisins.

1er Actionnaire (*aux ouvriers des deux sexes qui le suivent.*). —Venez mes amis, faire votre provision de charbou.... Approchez... Tout le monde en aura.
(*Les quatre actionnaires frappent à la porte de la cage.*

L'ouvrier chef (*paraissant*). — Mais prenez donc patience, messieurs.... la sonde fonctionne, elle est en ce moment à sept mille sept cent trente-et-une toises au-dessous du niveau de la rue des Iroquois.....

Les actionnaires. — Bravo !... bravo !..
(*Ils se donnent des poignées de main.*)

2e Actionnaire (*à l'ouvrier chef*). — Voyez-vous quelque trace de charbon de terre?

L'ouvrier chef. — Aucune.

1er Actionnaire. — Tant mieux, c'est bon signe.... (*Les actionnaires s'embrassent.*) L'heure du triomphe va sonner pour nous...
(*On entend la ritournelle de l'air suivant.*)

SCÈNE II.

Les mêmes. — Gros-Horloge.

Gros-Horloge. — Un moment messieurs... un moment !...

Air : *Quel carillon !*

Je ne veux pas q e personne s'arroge
La liberté d'usurper mon emploi,
Chacun son droit, je suis le Gros-Horloge,
L'heure, messieurs, n'doit pas sonner sans moi.

1er Actionnaire. — Nous ne voulons pas usurper vos attributions.

Gros-Horloge. — Je suis chatouilleux sur mes vieilles prérogatives ... Heure des affaires.... heure du travail, et surtout heure du dîner, tout cela rentre dans mes occupations normales et normandes,

Air de Doche : *Avant de prendre mon essor.*

Voici le cadran
Vétéran
Vénéré sur le sol normand.
Chez nous tout ce qui se passa
Eût son quart d'heure marqué là.

Avant la vapeur, il traçait
Les quatorze heures qu'il fallait.
Aux habitans de ce pays,
Pour aller de Rouen à Paris.

Il marqua l'heure où l'on courait
Aux gais tréteaux de Gringalet,
Et l'heure où le Pont-de-Bateau
Dans ses vieux jours tomba dans l'eau.

Pendant trente ans, sauf les retards,
Je tins éveillés nos beaux arts....
J'n'ai vu qu'un Pont-Suspendu... Mais
J'ai vu suspendre cent préfets...

Je marque l'heure où le Soleil
Ne sera plus qu'un appareil ;
Je crains que l'électricité
Ne le rende à l'obscurité.

Le tonnerre aujourd'hui chez nous,
N'est plus un Dieu plein de courroux,
Il s'est fait facteur.... pour cent sous,
Il porte aux loin des billets doux.
　　　Voici le cadran, etc.

1er Actionnaire. — Nous comptons sur vous pour le moment prochain, où la mine de Sotteville reconnaissante va nous prodiguer ses trésors,

2e Actionnaire. — On entend un craquement dans le puits....

1er Actionnaire. — C'est la mine qui nous ouvre son sein virginal. *(Musique à l'orchestre.)* Sonnez, sonnez, mon cher Gros-Horloge.... l'heure de la réussite est venue...

(Le devant de la cage du puits s'ouvre et on voit paraître une énorme bouteille, sur laquelle on lit : EAU MÉDICINALE.)

Tous. — Eau Médicinale !

1er Actionnaire. — Est-ce une mystification de la nature ?... Voudrait-elle nous faire aller?...

(Les actionnaires lèvent leurs cannes et frappent la bouteille, elle se brise, et laisse voir une jeune femme.)

1er Actionnaire. — Une femme dans une bouteille !....

Gros-Horloge. — Mais, je la reconnais.... C'est mademoiselle la Basse-Seine. *(Il va au-devant d'elle et lui donne la main.)*

Basse-Seine. — Oui, mes amis, ... Je suis la Basse-Seine.

　　　Air : *L'ombre s'évapore.*

Nymphe fugitive,
La Seine craintive
Déserte sa rive ;
Et, presque en peignoir,
Pendant que la sonde
Vient troubler mon onde
Que l'art rend profonde,
Moi, je viens vous voir.

Faisant ressource
De votre source
J'ai, dans ma course,
Suivi mon désir...
Par caractère
Un peu légère,
J'ai fait sous terre
Un train de plaisir.

Dans ce domicile,
Comme moi fragile,
J'ai pris un asile;
Sans faire de bruit
Je viens vous surprendre,
Et je veux attendre
Un jour pour reprendre
Place dans mon lit.

Gros-Horloge. — Je vous suivrai Mlle Basse-Seine.

Basse-Seine. — Je vous prie M. Gros-Horloge de ne pas prendre ce son là avec moi.

Gros-Horloge *(se reprenant.),* — Je vous suivrai partout où vous désirerez que je vous suive bien entendu... Je serai votre cicerone..., votre officier cavalcadour...,

Basse-Seine. — Alors je vous ferai voir du chemin..... car je suis ici pour une revue...

Gros-Horloge. — C'est connu... *(Bas.)* On dit même que cela a été affiché.

Basse-Seine. — Ah !

　　　Air : *Du Calife de Bagdad.*

Je fais l'école buissonnière,
J'aime à tout entendre, à tout voir.
Dans ma course, la ville entière
M'apparaîtra comme au miroir.
Ce qui mérite les férules :
Travers, abus et ridicules,
Je vous poursuivrai.

　　　Gros-Horloge.
　　　　　　　　Pour certain.
Vous me ferez voir du terrain.

(A ce moment , les actionnaires, qui se sont rapprochés du puits, reviennent en scène.)

　　　CHŒUR D'ACTIONNAIRES.

　　　Air : *Oh ! oh ! oh !.. des pleurs.*

Oh ! oh ! oh ! oh ! oh ! oh !
　　　C'en est trop.
Il faut qu'on nous rende
Notre argent ; plus de dividende.
Oh... oh... oh... oh... oh.. . oh...
　　　C'est du nouveau :
La mine se change en ruisseau !

(Un ruisseau jaillit à la place de la bouteille.)

2me Actionnaire. — Notre mine s'est transformée en abreuvoir. On nous abreuve... d'amertume. *(A part.)* J'ai bien envie d'offrir mon action au conseil municipal.

1er Actionnaire. — La source est capable de porter bateau...

Basse-Seine. — Oh ! non... Mais elle portera au moins canot, et cela me suffit pour faire ici une source de plaisirs.

Gros-Horloge *(à Basse-Seine).* — Nous canotons donc..., Mlle Basse-Seine ?

Basse-Seine. — Oui, je canote... Je veux donner des Régates nouveau genre, des Régates fantastiques de ma composition.

Tous. — Des Régates fantastiques !...

Gros-Horloge. — Diable !

Basse-Seine. — Je veux voir lutter les rivalités, les idées, les concurrences ; je vais rédiger mon programme. ... *Elle appelle.....* Eperlan.....

(Sur un signe de Basse-Seine, un petit poisson argenté paraît et s'apprête à écrire sur un petit coquillage, avec une arête de poisson.)

Gros-Horloge *(montrant le petit poisson).* — C'est là, monsieur, votre aide-de-camp ?

Basse-Seine. — Non... c'est mon secrétaire intime.

　　　(Parlant en écrivant.)

« Art. 1er. Des canots armés et équipés seront lancés sur l'eau médicinale de Sotteville.

» Art. 2. On verra combattre tous ceux qui ne sont pas d'accord ensemble ici-bas. »

Gros-Horloge. — Quelle flotte ça va faire !

Basse-Seine. — « Art. 3. Tous ceux qui croient avoir raison, seront admis à joûter avec ceux qui croient n'avoir pas tort. »

Gros-Horloge. — Ça chauffera dur.

1er Actionnaire. — Alors, voilà notre affaire tombée dans l'eau.

Gros-Horloge. — Mais non... c'est l'eau qui est tombée dans votre affaire.

Basse-Seine. — Éperlan, porte cette réclame aux journaux de la localité. *(Éperlan sort.)*

　　　Air : *Depuis que j'étends mon empire.*

Aux plus brillants tournois nautiques.
Je saurai disputer le prix;

Par mes régates fantastiques,
Je veux éblouir le pays.
A la lutte je vous engage,
Venez Théâtre, Industrie et Beaux-Arts. } *Bis*
Que chacun monte à l'abordage
Et déroule ses étendarts :
Allons, canotiers du courage !
Montrez-nous vos joyeux Jean-Barts.

Au revoir, Monsieur Gros-Horloge ; à bientôt sur le quai de la Bourse, après l'arrivée du train de plaisir de Paris... en attendant, je vais prendre un moment de repos. (*Elle disparaît.*)
Gros-Horloge. — Eh bien ! où donc est-elle passée ?...

SCÈNE III.

Gros-Horloge,—Nanette,— 1er Actionnaire, — 2me Actionnaire, — puis **Mlle Basse-Seine.**

Nanette. (*appelant à la cantonnade*). — M. Gros-Horloge! M. Gros-Horloge!
Gros-Horloge. — Allons, voilà ma femme de ménage qui me relance ici.
Nanette (*entrant*). — Je vous tiens, enfin... Vous avez mis tout le quartier dans l'embarras en vous en allant flâner... Vous n'avez pas sonné dix heures, et les ouvrières en sucre de pommes n'ont pas voulu reprendre l'ouvrage après déjeûner.....
Gros-Horloge. — Oh ! je reconnais bien là les bonbonnières.
Nanette.—Venez vite! si on ne vous voyait pas revenir, on pourrait jaser, et on dirait peut-être que Gros-Horloge est arrêté.
Gros-Horloge. — Tu as raison... partons, Nanette.
Nanette. — Et puis, vous sortez sans votre parapluie... quel oubli des usages de la localité !
Gros-Horloge.—Ne gronde pas... Voyons, et attache-moi ce meuble en carquois. (*Il va pour sortir.*)

1er Actionnaire (*descendant de la source et arrêtant Gros-Horloge.*)

Air : *Il faut quitter Golconde.*

Je viens de faire un bien beau rêve
En me baissant, v'là c'que je r'lève!
(*Il montre un morceau de substance noire.*)
Je me dis : Je tiens le gros lot...
Voilà justement c'qu'il nous faut.
C'est du charbon... J'étais un sot;
C'est du jus d'réglisse en lingot.

Nanette. — Mais venez donc !
2e Actionnaire (*une ligne à la main et arrêtant à son tour Gros-Horloge*) :

N'espérant aucune ressource
De cette trop fatale source,
J'ai jeté ma ligne aux poissons...
Grâce à mes parfaits hameçons,
J'ai pris quarante-trois goujons,
Autant qu'on comptait d'actions.

Nanette. — Venez donc, monsieur !...
Gros-Horloge. — Allons... partons... Je ne serai pas en retard pour les régates.
Basse-Seine (*en dehors*). — Ni moi non plus.
Gros-Horloge. — Tiens !... on dirait de la voix de Mlle Basse-Seine... (*Regardant dans la coulisse*). En effet, c'est elle... la voici escortée de ses marins et des habitans de ses rivages. (*Basse-Seine, traînée sur une gracieuse et élégante coquille, entre suivie d'une foule nombreuse*).

DIVERTISSEMENT.

(*Le pas de la Matelotte normande, dansé par trois petits marins. — Le pas des Bonnets de coton, dansé par deux paysans et deux paysannes. A la fin du divertissement, Basse-Seine s'éloigne. Tout le monde la suit. — La toile baisse*).

ACTE DEUXIÈME.

Le théâtre représente la salle à manger d'un hôtel. Sur le devant de la scène une table que des garçons sont occupés à servir.

SCÈNE Ire.

Mme Léclair, — Courtoujours, — Dardar, — Garçons.

CHOEUR.

Air : *Allons, qu'on s'élance.*

Allons... bon courage !
Voici le chemin de fer !
Menons notre ouvrage,
Amis, d'un vrai train d'enfer.

(*Les garçons mettent dans tous leurs mouvemens une grande vivacité.*)

Mme Léclair. — Allons... comment le couvert de la table d'hôte n'est pas encore mis... mais, hâtez-vous donc, Dardar..., et vous Courtoujours, pourquoi restez-vous là les jambes croisées ?
Courtoujours.—Moi, madame...
Mme Léclair.—Ah ! il fallait voir Piston... le garçon qui était ici avant vous...; en trente-trois minutes il faisait dîner soixante-quinze voyageurs...; il enlevait les assiettes à la course et les plats à fond de train.
Courtoujours. — Nous le surpasserons, madame Léclair.
Dardar.—Nous l'enfoncerons, patronne.
Mme Léclair.—Très bien, Dardar.

Air : *Une fille est un oiseau.*

A ceux qui viennent nous voir
J'offre et la table et le gîte.
Mais je veux qu'on dîne vite
C'est une règle, un devoir.
Des voyageurs des deux rives.
Que les bandes successives,
Ici viennent, gais convives,
S'asseoir à ma table ; mais.
Si leur appétit conspire
Et, satisfait se retire,
Je n'm'en retir'rai jamais.
Servez lentement, desservez lestement.

Dardar.—C'est juste.
Octave, *en dehors.*—Ohé ! de la *Fleur-de-Marie*, ohé !

Mme Léclair, *regardant au fond.* — Des canotiers parisiens qui se transbordent à mon auberge... bonne clientèle... ça ne boit pas de cidre... (*à Dardar*) Dardar, finissez vite les chambres... Courtoujours, sonnez le dîner ; je vais dire qu'on serve.

SCÈNE II.

Octave, — Jules, — Amanda, — Primitive, — puis Cyprien.

Octave (*entrant le premier en scène et à la cantonnade.*) — Ohé... de la *Fleur-de-Marie*... Ohé !

Jules, — Amanda, — Primitive (*entrant.*) — Voilà... voilà...

Primitive (*s'asseyant.*) — Ouf !... je n'en puis plus... j'ai les rotules sans connaissance.

Jules. — Les rotules... excusez.

Primitive. — C'est mon étudiant en médecine qui m'a appris ça.

Octave. — Ah ça... elle est fatiguée, et de quoi ?.. d'être venue de Paris, couchée comme une bayadère, au fond du canot, pendant qu'un remorqueur s'éreintait pour nous amener ici.

Amanda. — Et dire qu'elle ne voulait pas venir dans le pays des pommes... elle faisait sa petite bouche... elle craignait la Normandie...

Primitive. — Oui... je la craignais... à cause du cidre... J'en ai bu une fois à Paris, ça m'a donné des choses désagréables... même que j'ai demandé au tribunal, vingt-cinq mille francs de dommages et intérêts.

Tous. Vingt-cinq mille francs !

Jules. — Pour ça ?...

Octave. — Et on vous a donné ?...

Primitive. — Zéro, on m'a renvoyée dos à dos ; demandez plutôt à Cigarette.

Cyprien. — A Cigarette ?... tiens... mais où est-elle donc ?... Elle était tout à l'heure à mon flanc à droite.

Primitive. — Elle aura oublié son cabas dans le canot... et elle court après.

Jules. — Cette créature-là oublie toujours son cabas...

Octave. — Je la reconnais bien-là.

Tous. — Mettons-nous à table, nous consommerons en attendant Cigarette.

Amanda. — Nous consommerons tout doucement.

SCÈNE III.

Mme Léclair. — Les mêmes, — Habitués. — Voyageurs.

CHOEUR.

Air : *Mettons-nous à table..*

[illegible] vite à table,
[illegible] envie de sonner
Le dîner.
[illegible] agréable
[illegible] d'hôtesse aimable
[illegible] le signal
[illegible] colossal.

(*Pendant [illegible], les garçons ont servi la table.*)

Tous les convives. — A table !... à table !

(*[illegible] se mettent à table.*)

Octave. — Il est défendu de parler pendant le [illegible] avec la fourchette.

Primitive. — Accordé... Passez-moi du pâté...

Amanda. — Et à moi du homard.

(*Trois garçons d'auberge paraissent et enlèvent les plats rapidement pendant le chœur suivant.*)

CHOEUR DES GARÇONS.

Allons, dépêchons,
Desservons,
Emportons
Tous les mets,
Entremets
Qui sont faits
Tout exprès.
Enlevons perdreaux,
Aloyaux,
Fricandeaux ;
Car il faut
Qu'on déjeune au galop.

Cyprien. — Eh bien !... qu'est-ce que vous faites donc ?

Amanda. — Voulez-vous bien me laisser mon assiette.

Mme Léclair, *aux convives.* — C'est seulement le premier service qui part... dans une ville de commerce il n'y a pas de temps à perdre.

(*Trois autres garçons rentrent et apportent des plats.*)

CHOEUR.

Courage garçons,
Dépêchons,
Apportons
Tous les mets,
Entremets
Qui sont faits
Tout exprès :
Servons chauds
Perdreaux,
Aloyaux,
Fricandeaux,
Car il faut
Que l'on mange au galop.

Primitive. (*prenant un poulet*). — Je tiens enfin mon aile...

Octave. — Ce pigeon ne me quittera jamais.

Amanda. — Je m'attache à cette carpe frite.

CHOEUR DES GARÇONS, (*qui enlèvent la table*).

Allons, dépêchons,
Desservons, etc., etc.

Mme Léclair, (*elle encourage du geste les garçons, et reprend le chœur*).

Dépêchez, garçons,
Enlevez sans façons
Tous les mets,
Entremets
Qui sont faits
Tout exprès ;
Enlevez perdreaux,
Aloyaux,
Fricandeaux,
Car il faut
Que l'on mange au galop.

CHOEUR DES CONVIVES, (*en colère*).

Arrêtez, garçons.
C'est agir sans façons
D'enlever tous les mets
Et tous les entremets
Nous verrons s'il faut
Qu'on paye son écot,
Quand ainsi l'on mange au galop.

Tous, (*restant assis*). — C'est une horreur !

Cyprien, (*à Mme Léclair en goguenardant*). — Pourriez-vous me dire, Madame l'hôtesse, à quelle catégorie de festin appartient le repas que nous venons de ne pas faire ?

Mme Léclair, (*saluant*). — Mesdames et Messieurs, le repas qu'on a eu l'honneur de présenter devant vous... se nomme un repas de table d'hôte à la mode de Rouen, prix : 3 fr., et avec un carafon de vin... 11 fr. de plus.

Cyprien. — Ah ! bien, merci ! (*Il se lève, ainsi que les autres convives*).

Amanda. — Octave, j'ai faim... menez-moi chez le pâtissier.

Octave. — Il n'y a pas de pâtissiers dans les départemens.

Amanda et **Primitive**. — Oh ! le menteur.

Amanda. — J'ai vu un Savarin dans une boutique.

Cyprien. — Un Savarin !... elle a découvert un Savarin... sous cette latitude ?... Amanda, vous êtes le Christophe-Colomb de la pâtisserie !

Primitive (*câlinant*). — Jules, je voudrais bien visiter une fabrique...

Jules. — C'est facile... une fabrique de rouenneries ?

Primitive. — Non... une fabrique de sucre de pomme... Nous sommes dans sa patrie.

Jules. — Gourmande !... Elle est toujours sur sa bouche.

Primitive. — C'est plus agréable que d'être toujours sur ses pieds... Donnez-moi le bras... venez.

Cyprien (*à la fenêtre*). — Moi, je reste sur la dunette pour guetter ma syrène retardataire.

CHOEUR.

Air : *Elle va sortir.*

Que chacun de nous
Se transporte où le plaisir l'appelle,
Mais qu'on se rappelle
Que c'est ici le lieu du rendez-vous.

(*Tous sortent, excepté Cyprien.*)

SCÈNE IV.

Cyprien (*seul*). — Ah ça ! mais qu'est-ce qu'elle peut être devenue ?... Ça m'inquiète... (*Il appelle.*) Garçon ! du café. — Je lui ai bien indiqué l'auberge... et elle la connaît ; car, malgré son nom d'emprunt un peu Château-Rouge, Cigarette est native de Normandie... Rouen l'a vu grandir... Cette pensée a quelque chose d'agaçant... (*Il appelle.*) Garçon ! du café. — Si elle avait rencontré une connaissance rétrospective... (*Au garçon.*) Avec beaucoup de sucre... (*Réfléchissant.*) Fichtre !

Air de la Normandie.

Je n'suis pas sans inquiétude
Sur cet incroyable incident :
Dois-j'en recevoir un coup rude ?...
J'en ai comme un pressentiment...
Ce s'rait dur, si la Normandie,
Qui ne m'a pas fait voir le jour,
A l'heure où j'l'adopt' pour patrie,
Allait, hélas ! me faire voir le tour !

(*Il appelle.*) Garçon ! du café.

Le garçon (*en dehors.*) — Voilà !... voilà !.. (*Il entre.*)

Cyprien. — C'est bien heureux. (*il prend sa tasse.*) O ! Cigarette, veille sur tes réminiscences... (*Après avoir goûté.*) Bon, je n'ai pas mis de sucre... (*Il sucre.*) Car si jamais je te surprenais *flagrante normando...* (*goûtant.*) Bon voilà que j'en ai mis trop, à présent. (*le-*

tant les yeux sur la fenêtre.*) Grand Dieu ! que vois-je ! (*Il laisse tomber sa tasse.*)

Courtoujours, *accourant.* — Voilà... voilà... (*Il remet la tasse sur la table et court chercher du café.*) Ça fera deux demi-tasses.

Cyprien. En croirais-je mes outils visuels ? Cigarette dans les bras d'un inconnu... d'un rien du tout qui la tient comme un fardeau quelconque... Que signifie cette excentrique parodie de Héro et Léandre, l'un portant l'autre ?

SCÈNE V.

Cyprien, — Beaucadet, — Cigarette.

Beaucadet, *déposant Cigarette sur une chaise, en riant.* Voilà !... rendu chez le fabricant, et franc de port.

Cigarette. — Merci, Beaucadet.

Cyprien. — Elle sait son nom patronymique.

Cigarette. — Me voilà enfin, mon Cyprien.

Cyprien. — Laissez-moi ; je prépare une scène à la Mélingue. (*les bras croisés, à Beaucadet.*) Pourriez-vous me dire, canotier de la Basse-Seine, pourquoi vous vous permettez de faire de vos deux bras deux idem de fauteuil pour mademoiselle ?

Beaucadet. — Tiens... cette question. Je jouis des priviléges de ma corporation, donc.

Cyprien. — Sa corporation.

Beaucadet. — Elle me donne le droit de prendre à bord tout ce qui s'y trouve, pour le porter sur le rivage, s'entend. Ce joli petit colis était dans un canot, je l'ai transbordé... voilà !

Cyprien. — Ah ! il y a une corporation dans ce goût-là, ici ?

Beaucadet. — Il n'y en a pas qu'une... Il y en a quatre... Çà s'appelle les carues...

Cyprien. — En v'là un nom...

Beaucadet. — La grande et la jeune carue, la carue des tonneliers, la carue des braves... Rien que ça, Parisien.

Cyprien. — Qu'est-ce que c'est que ça, la carue ?

Beaucadet. — Qu'est-ce que c'est que cela ? On va vous le dire.

Air : *De Paris la Nuit.*

I.

De tous les points du monde,
Lorsqu'au sein de nos ports,
La marine féconde,
Vient verser des trésors,
Au marchand qui l'emploie.
Pour prêter son secours,
Pour porter avec joie,
Les fardeaux les plus lourds.
La carue, la voilà,
Oui, la carue est là.
Sans crainte appelez-la.
La carue... la voilà.

II.

Qu'un brave camarade,
Au travail succombant,
Laisse, pauvre malade,
Sans appui son enfant :
Pour aller en cachette,
Chacun de son côté,
Acquitter notre dette
A la fraternité ;

La carue, la voilà, etc.

III.

Quand pour un gai voyage,
Frété pour le plaisir,
En touchant au rivage,
Un bateau va périr,
Pour que chacun survive,
A ce grand péril là,
Un cri part de la rive :
Espoir. on vous sauv'a !
Matelots, gondoliers,
Soldats, chefs, ouvriers,
Carue et *cœtera....*
Tous les gens d'cœur sont là.

Cyprien. — Tout çà , c'est très bien... certainement... Mais je ne vois pas pourquoi , Milon ,de Crotone de Normandie, vous vous permettez d'emporter ma femme.

Beaucadet. — Hein ?...

Cigarette. — Votre femme !

Cyprien. — Ça se dit toujours comme ça , dans les canots... quand on a chaloupé ensemble...

Cigarette. — Dites donc... ne vous donnez pas ces gants-là, mon cher...

Cyprien. — Mais voyons , à la fin... pourquoi vous êtes-vous permis de Léandrer cette héro... qui est ma canotière ?

Cigarette. — Ce jeune carue était dans l'exercice de ses droits en me transbordant... puisque j'étais dans le canot.

Beaucadet. — Et j'ai bien fait, car v'là qu'en route j'ai reconnu le colis pour une compatriote, la petite Jeannette Drolichon, une ancienne voisine de Martainville, et le fardeau m'a semblé plus léger.

Cigarette (*lui tendant la main*). — Ce brave Beaucadet !

Cyprien. — Allons, décidément ils se reconnaissent trop... la Normandie est trop riche en souvenirs.

Courtoujours (*une cafetière à la main*). — La seconde demi-tasse demandée. Voilà..... (*il verse*).

Cyprien (*s'approchant*). — Et le bain de pied ?... à la bonne heure.

Courtoujours (*étonné*). — Un bain de pied !... Je vais mettre de l'eau sur le feu... (*A part en s'en allant*). Après manger... drôle d'idée.

Cyprien (*sucrant son café et goûtant*). — C'est trop sucré... si... non... non... si... (*Il s'assied et prend son café en tournant le dos aux deux autres.*)

Beaucadet. — Comment Mlle Jeannette... vous à Rouen... après cinq ans... car v'là juste cinq ans que vous étiez fileuse... (*soupirant*) et que vous avez filé.

Cigarette. — J'ai été... me perfectionner à Paris...

Beaucadet. — Vous perfectionner... c'est possible... mais pas dans le coton... enfin, c'est égal, je suis content de vous revoir... ça me rappelle bien des choses.

Cigarette. — Et à moi donc...

Air : *Noureau de M. Voiron.*

Oui je me souviens toujours
Des montagnes de Bonsecours
Et des grandes assemblées
Où les filles rassemblées
Revenaient en troupeau
Mangeant du chemineau.
Ah !

Quelles belles journées !
Oh ! mes bonnes années ;
Je sais encor, sans manquer rien,
La danse que jouait si bien
L' ménétrier de Saint-Vivien.
Ah !

Beaucadet.

Vous souvient-il, mamzelle, encor,
Que tous les lundis, loin du port,
Nous allions à l'aventure,
Pêcher ensemble ... une friture,
Et nous dînions en rond
Tous deux sur le gazon.
Ah !

Quelles belles journées !
Oh ! mes belles années,
Rappelez-vous, en revenant,
Ce baiser si gros, si galant,
Que moi je vous prenais gaîment.
Ah !

Comme ça !

Beaucadet embrasse Cigarette et se sauve. — Au même moment, Courtoujours entre dans la salle avec un carafon d'eau-de-vie à la main.)

Cyprien. — Hé bien ! Qu'est-ce que c'est que ça... ?

Cigarette. — Tiens, ... quand il y a longtemps qu'on ne s'est vu.

Cyprien. — Mais c'est épouvantable !

Courtoujours (*son carafon à la main.*) — Monsieur...

Cyprien. — Est-ce que ça rentre encore dans les priviléges de la Carue... ça ?

Courtoujours (*le tirant par la manche.*) — Monsieur...

Cyprien (*se retournant.*) — Eh bien ! Quoi ! Je suis furieux.

Courtoujours. — Monsieur, veut-il être consolé ?

Cyprien (*lui donnant un soufflet.*) —Tiens, insolent.

Courtoujours (*la main sur sa joue.*) — Par exemple!

Cigarette. — V'lan ! (*Elle donne un soufflet à Cyprien*).

Cigarette. — Est-il brutal donc de battre ainsi ce garçon...

Cyprien. — Pourquoi se moque-t-il de moi ?

Courtoujours. — Moi !

Cyprien. — Il me demande si je veux être consolé...

Cigarette. — Eh bien ! il vous demande en langue normande si vous voulez du fil en quatre ou du fil en six... traduction en langue de Paris: un ou deux petits verres de cognac.

Cyprien. — Ah !... ah ! c'est différent... Alors, je lui fais mes excuses.

Cigarette. — Et moi, je vous présente les miennes.

Courtoujours. — Mais, ça ne me suffit pas... C'est que je suis de Lisieux, et l'on est rageur de ce côté là!.... (*Il passe derrière Cyprien, lui tire vivement son caban, dont un morceau lui reste dans la main*).

Cyprien. — Imbécile.

Courtoujours, (*saluant*). — Monsieur, je vous fais bien mes excuses.

Cyprien. — Je ne puis pas lui demander une réparation...

Courtoujours. — Une réparation, Monsieur, si vous en avez besoin, demandez la au

marchand des cent mille paletots... c'est un
de nos pensionnaires... et, justement, le voici
lui-même.

SCÈNE VI.

Les mêmes, M. Bouracan. (portant une
pyramide de paletots).

Air des Cancans.

Paletots, paletots,
Paletots frais et nouveaux,
Paletots, paletots,
J'en ai pour tous les écots.
Pour les nains, pour les géants,
Pour les vieillards, les enfants,
Pour les minces, pour les gros,
Les gens d'esprit et les sots,
  Paletots, paletots.
Paletots frais et nouveaux,
  Paletots, paletots,
J'en ai pour tous les écots.

Le paletot est ancien,
Le postillon eut le sien ;
Je vous dirai ce que c'était
Que la fameuse vigue qu'il portait ?
  Un paletot, un paltot,
Et le grand saint paletot.
  Un paltot, un paltot,
C'était parce qu'il faisait chaud.

Le paletot eut sa part
De la gloire de César ;
De l'empire... en effet.
La redingote grise était :
  Un paletot, un paltot,
Un glorieux paletot,
  Un paltot, un paltot,
Plus beau qu'un royal manteau.

Cyprien. — En voilà une langue !
Bouracan. — Demandez, faites-vous servir !... Paletot de pluie... paletot de soleil...
paletot d'hiver, bon teint... paletot d'été...
stable.
Cyprien, *vivement.* — Je n'en veux pas !
Bouracan. — Je dis d'été, stable, parce
que sa couleur ne change jamais.
Cyprien. — J'en veux un.
Bouracan. — Nous en avons cent mille
en magasin... cent mille chez les confection-
neurs... cent mille à Bordeaux... cent mille à
Lyon... cent mille à Paris... cent mille à Pé-
kin... cent mille...
Cyprien. — Monsieur, il ne m'en faut
qu'un seul, pour remplacer mon caban.
Bouracan. — Un seul... Eh bien ! monsieur... je ne puis pas vous le procurer.
Cyprien. — Et pourquoi cela ?
Bouracan. — Devinez ?
Cyprien. — Monsieur, je ne pratique pas
l'énigme.
Bouracan. — Le mot est facile à trouver... Écoutez bien : J'ai sur moi, par hasard,
une petite carte de visite. (*Il déploie la grande
affiche des* 100,000 *paletots.*) Que lisez-vous sur
cette affiche ?...
Cyprien. — J'y lis couramment... Vente
des 100,000 paletots.
Bouracan. — Cent mille, c'est le chiffre,
nous les avons... Mais si j'en vends un seul...
je n'ai plus mon compte... il ne m'en reste plus
en magasin que neuf cent quatre-vingt-dix-
neuf mille neuf cent quatre-vingt-dix-neuf...
Je mens alors à mon titre... je trompe affreu-
sement vos concitoyens... j'en suis incapable !
Cyprien. — C'est mathématique.
Bouracan. — Et, pour faire honneur à
mon affiche, je suis dans la nécessité de ne
rien vendre du tout.
Cyprien. — C'est un drôle de commerce !
Bouracan. — Vous devez me compren-
dre... Je prends part à votre position, mais je
ne puis rien faire pour vous... (*Il sort sur la
reprise de l'air précédent*).

Paletots, paletots, etc., etc.

Cyprien (*seul*). — Ce raisonnement n'est
pas précisément celui d'un aigle... mais il n'est
pas absolument celui d'un serin.
Le Marchand de mouron (*dans la
coulisse*). — Qu'est-ce qui a parlé de serin ?
(*Criant.*) Mouron pour les petits oiseaux !

SCÈNE VII.

Cyprien. — Le Marchand de mouron.

Le Marchand. — Qu'est-ce qu'on leur
veut donc aux serins du bon Dieu ?... Est-ce
vous, jeune homme, qui leur cherchez noise ?
Vous feriez mieux de leur chercher du mouron.
Cyprien. — Ah ! ça, est-ce que vous seriez
par hasard ce vieux marchand de mouron dont
on parle tant à Rouen ?...
Le Marchand. — C'te bêtise !... Mettez
donc vos lunettes, canotier... Le vieux marchand d'mouron est dans les vignes ; c'est moi
qui le remplace auprès des serins...
Cyprien. — Alors, vous êtes leur père
nourricier ?
Le Marchand. — Oui, monsieur, je cul-
tive pour eux la vie à bon marché.

Air : Voilà le porteur d'eau.

Les serins forment ma famille ;
Je ne suis bien qu'au milieu d'eux,
Je me ris, quand le soleil brille,
Le millet mûrira pour eux.
Sans craindre fatigues ni peines,
Je flâne pour eux dans les plaines,
Cherchant la fraîcheur des ruisseaux ;
Je vais en chantant aux échos :
Mouron (*bis*) pour les petits oiseaux !

Cyprien. — Ah ! ça, mon petit bonhomme,
pourquoi portez-vous toute votre affection sur
ce volatile couleur safran ?...
Le Marchand. — Je suis l'avocat du
serin, parce qu'on le calomnie... parce qu'on
le vilipende... dans la Seine-Inférieure comme
ailleurs.

Air : *Parlez bas*

1er COUPLET.

Souvent un célibataire,
Qui rêve une femme d'or,
Ne trouve en sa ménagère
Que Ruoltz et similor.
On entend chaque voisin
Qui gazouille ce refrain :
  Quel serin !   (*bis.*)
Franchement, c'est un serin.
  Un vrai serin !
  Un franc serin !

2e COUPLET.

Du fou qui fait la charrue,
Guidé par l'amour du gain,
Et qui cherche, par la rue,
Des plac's qui n'durent qu'un matin,
On dit, quand il r'prend l'chemin
D'sa mangeoir' où n'y a pas d'grain :
  Quel serin ! etc., etc.

3e COUPLET.

Croire aux mots humanitaires
Que naguère on prononça,
Croire aux mollets des bergères
Que l'on voit à l'Opéra,
C'est dire à tout l'genre humain,
Appliquez-moi ce refrain :
    Quel serin ! etc., etc.

Cyprien. — Voyons, petit Mouron, je vous demande un peu d'affection pour les autres oiseaux.
Le Marchand. — La belle espèce devient bien rare.

Air : *de l'Apothicaire.*

Pour trouver des oiseaux de choix,
En vain de tous côtés je lorgne ;
Je ne découvre dans les bois
Que des geais ou maint hibou borgne.
J'aurais cependant un bon prix
Si je pouvais, faisant merveilles,
Revenir au temps de jadis
Et trouver un nid de Corneilles.

Cyprien. — Ah ! dam', ça n'est pas facile !
Le Marchand. — Il y a beaucoup de nids... on espère... Mais Bernique, rien n'é-clot... la coquille casse... pas plus de Corneille que dessus ma main... J'en reviens à mes moutons... c'est-à-dire à mes serins. (*Il sort en rép tant :* Mouron pour les petits oiseaux !)

(*On entend au dehors la ritournelle du chœur suivant. À ce moment, Cigarette sort de la salle de l'auberge. Octave, Jules, Amanda et Primitive rentrent en scène.*)

SCÈNE VIII.

Cigarette, — Octave. — Jules, — Amanda, — Primitive, — puis Bouracan.

Jules. — Notre bonne étoile nous sert... nous arrivons pour assister aux Régates fantastiques.

CHŒUR.

Grâce au vaisseau que seconde le vent,
De la cité c'est aujourd'hui la fête,
Et l'Amérique, en tendre sœur cadette,
Nous tend la main à travers l'Océan.

Jules. — Nous avons une fameuse chance, aujourd'hui... les plaisirs se multiplient... Ces chants sont le signal de l'arrivée du navire américain la *Mary-Annah*, qui va entrer tout droit dans le port, comme si elle était chez elle.
Primitive. — On va la juger au déballage.
Jules. — Il est déjà commencé...
Tous. — Au port... Allons !.. allons !
Cyprien. — Et moi, qui n'ai pas d'habit.
Bouracan (*rentrant, à Cyprien.*) — En voici un monsieur... Grâce à l'immense agrandissement de mes vastes magasins, j'ai pu y faire entrer un paletot en plus... Entrez-y vous-même.
Cyprien. — Ah ! monsieur, que ne vous dois-je pas !
Bouracan. — 27 fr. 50... il faut contenter tout le monde, et, pour assurer ma vogue, je compte sur une explosion... (*Mouvement de Cyprien.*) une explosion de la satisfaction publique.
Courtoujours (*prend la défroque de Cyprien et la met*). — Merci monsieur.

TABLEAU.

(*Toutes les fenêtres de l'auberge s'ouvrent. Des curieux se mettent aux fenêtres. Mme Léclair, Dardar, et tous les personnages en scène se groupent pour regarder le port.*)

CHŒUR GÉNÉRAL.

Grâce au vaisseau qu'a secondé le vent.
    Etc., etc.

(*La toile tombe.*)

ACTE TROISIÈME.

Le théâtre représente une partie du quai et du port de Rouen. Au fond, on aperçoit le Pont-Suspendu.)

SCÈNE I.

(Au lever du rideau, une partie de la population est diversement groupée sur le quai. Mouvement ordinaire de la ville.)

Reprise du chœur de la fin du 2e acte.

Gros-Horloge (*arrivant par la droite.*) — Où est-elle ? Où est-elle cette Mary-Annah, que je la fête comme tout le monde ?

SCÈNE II.

Tivoli (*entrant par la gauche.*) — Qu'est-ce qui a parlé de fête ?... J'en suis.
Gros-Horloge. — Eh ! c'est M. Tivoli !.. Je le reconnais bien là... toujours en l'air...
Tivoli. — Certainement... pas de bonne fête sans moi.

Air : *De Renaudin de Caen.*

Je suis grand organisateur,
De fêtes, de réjouissances,
Pour les jeux, les plaisirs, les danses,
A moi l'pompon, le prix d'honneur !
Vous faut-il une fête, où brille,
Le rustique ? j'ai des chàlets.
Faut-il une fête de famille ?
J'ai des enfans qui n'pleurent jamais.
Le sentiment est un doux jeu,
Dont je protège le caprice.
Et près de mes feux d'artifice,
Un jaloux ne voit que du feu.
Robinson, jadis dans son île,
Ne comptait que sur vendredi ;
Moi plus heureux, plus habile,
J'ai dimanche, lundi, jeudi.
Ce solitaire, à chaque pas,
Craignait, sur les lointains rivages,
De rencontrer quelques sauvages,
Dans mon île, on n'en trouve pas.

Paris, séjour des bayadères,
M'envoie, à l'aide des wagons,
Des essaims de femmes légères,
Que j'enlève... dans mes ballons...!
La licence, en ce lieu vanté,
Ne lèv'ni le pied ni la tête :
Avant le délit, je l'arrête...
Afin de n'pas être arrêté.

Gros-Horloge. — Farceur !

Tivoli. — Vous n'aimez pas la farce, monsieur le Gros... et quand vous sonnez l'heure de l'ouverture de mes bureaux, vous prenez souvent votre petite voix... et je me dis : Aujourd'hui, Gros-Horloge est mal monté.

Gros-Horloge. — Chaque chose a son heure, monsieur Tivoli.

Air : Du baiser au Porteur.

Sonnant les heures de la vie
Qui réveillent le souvenir,
Quand vient l'heure de la folie,
L'heure des jeux et l'heure du plaisir,
Ma grosse voix peut bien un peu faiblir.
Mon son fléchit quand la danse lé.ère,
Par mon signal doit s'voir encourager,
Car c'est vexant, quand on n'a pas d'bergère,
D'être obligé d'sonner l'heur' du berger.

Tivoli. — Boudez l'amour, je vous le passe ; mais cultivez la danse ; suivez son perfectionnement, son développement. Grâce à moi, elle deviendra la langue universelle.

Gros-Horloge. — Ah bah !

Tivoli. — On fera ses affaires en dansant... on plaidera en dansant.

Gros-Horloge. — Alors, on plaidera dans la salle des Pas-Perdus.

Tivoli. — On fera la cuisine en dansant.

Gros-Horloge. — Et qu'est-ce qu'on dansera en faisant la cuisine ?

Tivoli. — Parbleu, on dansera la fricassée, et on pétrira le pain sur l'air de la *Boulangère.* Connaissez-vous ma polka conjugale ?

Gros-Horloge. — Comment, vous avez mis le mariage en entrechat ?

Tivoli. — Vous l'avez dit... Voilà comme ça se joue :

Air :

Tra la, la,
Voilà
Comme dans mon local
Je veux que le signal
Du bal,
Parfois banal,
Et trop souvent fatal,
Devienne un fait moral,
Infiniment moral,
D'intérêt conjugal.
Je veux que mes frais ombrages,
Par les zéphirs balancés,
Soient les rendez-vous d'usage
Choisis par les fiancés.
Pour y former la respectable chaîne
Que le code approuvera,
Chaque amoureux, des rives de la Seine,
A l'avenir s'y rendra.
On verra l'sentiment
S'y filer doucement
Et légitimement,
Puis le consentement
Venir en balançant.
Elevé sur sa tribune,
Mon chef d'orchestre unira
Un chacun à sa chacune ;
Son archet les bénira.
Chaque papa, tendre chef de famille,
Paiera la dot. et la bourse à la main,
Redowera près d'son gendre et d'sa fille,
Au son joy.ux du métal arge: tin,
Tin, tin, tin.

Le notaire se mêlera
A ce mouvement là,
Ecrivant, au besoin,
Sur le dos d'un témoin,
Il fera le contrat
Entr'un double entrechat.
Quand l'soir viendra nous atteindre
Au milieu des rigodons,
Pour ne pas laisser éteindre
La flamme, j'ai mes lampions ;
Les feux chinois sillonnant mes domaines,
Et pour bouquet composé de ma main,
Je lancerai cent chandelles romaines
Pour allumer le flambeau de l'hymen.

(2ᵉ *reprise.*)

Tra la, la, etc.

Gros-Horloge. — Ce sera fort original.

Tivoli. — Voyez-vous, voilà le mouvement de mise en scène : (*Il fait des pirouettes sur la ritournelle et sort avec Gros-Horloge qui l'imite en riant. Tout le monde suit.*)

(*Pendant la ritournelle de sortie de Tivoli, de Gros-Horloge et du chœur, on voit au troisième plan six ouvriers de la Carue rouler une balle de coton. L'orchestre joue en sourdine l'air de :* La carue, la voilà.)

SCÈNE III.

Jumiéges, — Quillebeuf, — La Mailleraye, — La Bouille, — Tancarville (*entrant par la droite*), puis **Basse-Seine** *qui les observe.*

Les Ports.

Air : de Farinelli.

Nous avons pris de la liqueur des braves
Pour ranimer, réchauffer notre ardeur.
Allons, allons renverser les entraves
Et poursuivons notre persécuteur...!

Basse-Seine (*paraissant*). — Vous ici !

Air : Nouveau.

Gentilles nymphes du rivage
Dont chacune rappelle un port,
Pourquoi faites-vous ce voyage ?
Pourquoi prenez-vous votre essor ?
Chacune fidèle à sa plage,
Devait, un pavois à la main,
Attendre et fêter au passage
Le beau navire américain.
Gentilles nymphes du rivage,
Qui prenez ainsi votre essor,
Dites-moi donc qui vous engage,
A quitter toutes votre port ?...

Les Ports.

Chacune loin de son rivage,
A pris, pour cause, son essor ;
Et vous saurez qui nous engage,
A quitter ainsi notre port.

Basse-Seine. — Mais me direz-vous comment il se fait ?...

Jumiéges. — Nous sommes venues pour vous donner un avis... apprenez qu'il y a un complot formé contre nous.

La Basse-Seine. — Un complot !

Quillebeuf. — Nous suivons notre ennemi à la piste.

Air : de Fra-Diavolo.

Je l'ai vu s'mettre en route,
Il a pris son plus vieux chapeau.

Jumiéges.

Il s'est recouvert d'un pal'tot,
De l'Elbeuf le moins beau.

Quillebeuf.

De loin, sans qu'il s'en doute,
Nous l'suivons.

Jumiéges.

Je n'm'tromp' jamais ;
D'un regard moi je reconnais,
L'homm' qui va m'faire des traits.

Quillebeuf.

Tenez : le voilà qui s'avance...
Observons en silence,
Et nous verrons après.

(*Tous les Ports font un mouvement en arrière et on voit paraître un personnage enveloppé d'un manteau*).

SCÈNE IV.

Les Ports. — Le Havre.

Le Havre. — Je crois que je suis fait au [...]... la belle américaine Mary-Annah m'a [...]

La Bouille (*lui mettant la main sur le [...]*). — Et vous, vous ne nous échapperez pas... vous êtes pincé.

Les Ports.

Air : M. Porte.

Nous vous tenons, (*bis.*)
[...] en surveillance,
[...] raison de l'offense,
[...] bateaux nous endurons,
[...] vous tenons. (*ter.*)

Le Havre.

[...]-je tombé sur ces rivages,
Au milieu de femmes sauvages ?

Les Ports.

[...] grâce nous nous vengerons.
Nous vous tenons. (*bis.*)
Sans [...] nous vous punirons,
[...] toutes affronts
Que nous souffrons.
Nous vous tenons. *bis.*

Le Havre. — Voyons mes petits agneaux... [...] plus de moëlleux dans les mouve-[...] à qui ai-je l'honneur de parler ?

La Mailleraye. — Nous sommes les ports de la Basse-Seine.

Le Havre. — Je me disais aussi, voici une [...] qui a un port fort agréable.

Les Ports. — Et nous savons qui vous [...].

Le Havre (*se découvrant*). — Puisque vous [...] il est inutile que je vous le cache.

Air : Je suis.

Je suis le Havre. (*bis.*)
[...] signes certains,
[...] voisinage vous navre,
[...] ports ne sont pas cousins
Je suis le Havre... (*bis.*)

2e couplet.

Je suis le Havre...

La Bouille (*l'arrêtant*). — Vous l'avez déjà [...] quatre fois... C'est assez... Monsieur Le Havre, nous avons un fameux chapelet à dé-biller ensemble.

Le Havre. — Quel chapelet, s'il vous plaît ?

Tancarville. — Vous vous conduisez à notre [...] comme un pas grand' chose...

Tancarville. — Vous êtes un jaloux, un sournois... Vous voulez nous empêcher de porter vaisseau.

Le Havre. — Moi ?

Jumiéges. — Vous faites des cancans sur notre compte. Vous écrivez dans vos journaux que notre lit n'est pas assez profond.

Le Havre. — Ah ! par exemple !

La Bouille. — Vous voulez nous empêcher de devenir mer...

Le Havre. — C'est un affreux canard... Ne croyez pas un mot de tout cela...

Air :

Vous avez tous les torts,
Envers moi, petits ports ;
Vraiment, je ne puis rien.
Pour votre mal, pour votre bien.
Vos beaux pays, parés comm' pour des fêtes
Ne sont donc plus assez beaux aujourd'hui :
Pour vos plaisirs vous voulez des tempêtes
Pour vous le calme devient un ennui.
Reniant leurs métiers,
Bientôt vos canotiers,
Se feront flibustiers,
Naufrageurs ou bien boucaniers.

(*A Jumiéges.*)

Sous tes vieux murs, Jumiéges, tu t'abrites
Avec douleur, car ton plus vif désir
Est d'voir le flot rouler vers toi ses [...]
Que ton marteau déjà voudrait ouvrir.

(*A un autre Port.*)

Tancarville dans tes eaux.
Tu veux, sur les vaisseaux.
Fair' la pêche au corail
Et la trait' des nymphes du sérail.

(*A un autre Port.*)

La Mailleraye aussi me fait des mines.
Je sais pourquoi... friande, tu voudrais
Que l'Océan t'envoyât ses sardines,
Pour les coucher sur tes lits de [...] frais.

(*A la Bouille.*)

La Bouille, mon enfant.
Le terrible élément.
Serait pour toi charmant.
J'y donne mon consentement.
Je voudrais voir sur ta lisière [...]
Où le requin au soleil déh[...]
Ta planche main harponner la baleine
Quand tu voudrais radouber [...] sur [...]
Vous avez tous les torts,
Envers moi, petits ports ;
Vraiment, je ne puis rien.
Pour votre mal, pour votre bien.

Les Ports.

Nous n'avons point de tort,
Et nous sommes d'accord,
Que vous ne faites rien
En ce pays pour notre bien.

La Bouille. — Comme il cache son jeu !... Nous savons ce que vous venez faire ici... Vous guettez une étrangère... une Américaine...

Le Havre (*faisant le [...]*). — Ah !... ah !...

La Bouille. — Qui vient faire des affaires avec nous... et qui se nomme Mary-Annah.

Le Havre. — J'avoue le fait.

Air : Vos maris en Palestine

A cette belle étrangère,
Que je n'h'bergeai qu'un jour.
J'ai le vif besoin de plaire..
Mais en vain je fis ma cour
Pour prolonger son séjour

Toutes. — Ah ! ah ! ah !

Le Havre (*continuant.*)

Mais elle est un peu coquette,
Le caprice fait sa loi.
Sans amour propre, je croi,
Que lorsqu'ici je la guette,
Elle est de retour chez moi,
La petit' m'attend chez moi,
Oui, la petite est chez moi.

Toutes. — Avez-vous fini ? vieux fat !...

Le Havre. — Et je vais retourner sur mes pas.

Toutes. — Non, non , vous êtes notre prisonnier.

Le Havre. — C'est ce que nous allons voir.

Basse-Seine (*se montrant.*) — C'est tout vu, monsieur Le Havre, et vous pouvez en effet retourner tranquillement chez vous... Elle est arrivée...

Le Havre. — Arrivée !...

(*Basse-Seine lève sa baguette. Musique à l'orchestre. Une des balles de coton s'entr'ouvre et Mary-Annah en sort. Basse-Seine lui donne la main.*)

Le Havre. — Mon étrangère !... ma fugitive !... décidément, je suis refait !

SCÈNE V.

Les Mêmes. — Mary-Annah.

Mary-Annah, (*à Basse-Seine*).

Air :

Pour voir ton rivage,
Tes beaux coteaux verts,
J'ai trouvé passage
A travers les mers...
Je viens en amie
D'un climat lointain,
A ton industrie,
Tendre ici la main.

Le Havre. — Me jouer ainsi ! c'est un vol à l'américaine !...

Mary-Annah. — Il fallait bien échapper à vos importunités...

Le Havre. — Employer un pareil véhicule... une balle de coton... Oh ! c'te balle !...

Basse-Seine, (*scandalisée*). — Monsieur Le Havre... prenez garde, où je vous enverrai prendre des leçons de galanterie dans votre tour de François I".

Le Havre. — C'est méchant !... mais ça ne m'atteint pas... (*à Mary-Annah*) Ainsi, c'est bien entendu, vous ne voulez pas fraterniser avec moi ?

Mary-Annah. — Non !...

Le Havre. Une fois ?... sept fois ?...

Mary-Annah. — Non ! non !... Rouen et moi ne faisons plus qu'un...

Le Havre, (*tendrement*). — Eh bien ! à nous trois, nous ne ferons plus que deux...

Mary-Annah. — Par exemple !

Le Havre.

Air de la Favorite. (Duo).

Que dis-tu ?.. quoi mon rêve est perdu !
Sans toi je n' veux pas vivre,
Non, non, je n' veux pas vivre,
De t'am'ner chez nous j'ai répondu,
Etranger' tu vas m' suivre.

Mary-Annah.

Quoi !

Le Havre

Ou tu diras pourquoi.
Moi l'on peut m'adorer, mais Rouen
Ne veut pas (*bis*) que pour lui l'on se toque
Ah ! viens, viens, à l'ombre de ma toque.
Loin, bien loin,
Des flèches de Saint-Ouen.

(*Il veut l'entraîner*).

Basse-Seine. (*à Mary-Annah.*) — Ne craignez rien... Vous arrivez justement pour assister à une fête que je donne aujourd'hui... des régates.

Le Havre. (*ironiquement*). — Oh ! Mademoiselle Basse-Seine qui donne des régates !.. étrangère , vous verrez quelque chose d'étrange... des régates d'eau douce... quelle ironie amère !.. et quel est l'amiral de votre flotte ?... Je serais curieux de me mesurer avec lui.

(*On entend un bruit et des fanfares. — Gros-Horloge paraît avec une lance de latte*).

SCÈNE VI.

Les mêmes. — Gros-Horloge.

Basse-Seine. — Le voilà.

Le Havre. — Gros-Horloge !

Gros-Horloge. — Le Havre... (*à Basse-Seine, qui veut l'arrêter*) de grâce... laissez-moi... (*Il va se placer près du Havre, et ils se regardent en se menaçant*). Puisque le flot qui a apporté Monsieur n'a pas reculé épouvanté, je ferai comme le flot...

Le Havre. — Hein !... Et quoi ?...

Gros-Horloge. — Et quoi ?... hein !

Le Havre. — De quoi !...

Gros-Horloge. — Nous nous comprenons parfaitement !... suffit !

ENSEMBLE.

Air : *Je me retire*.

Devant moi tremble,
Car aujourd'hui,
Il faut ici,
Tous deux ensemble,
Et jouter,
Et lutter.

Gros-Horloge.

Je ne suis pas de verre.

Le Havre.

Crains ma colère.

Gros-Horloge.

Il faut dans cette affaire,
Que j'te perce le flanc.

Le Havre.

Et moi l' cadran.

(*Reprise*.)

Devant moi, tremble,
Car aujourd'hui, etc.

(*Gros-Horloge et le Havre sortent*)

SCÈNE VII.

Basse-Seine. — Mary-Annah.

Mary-Annah. — Oh ! mon Dieu ! ils vont en venir aux mains.

Basse-Seine. — Oh ! non... Rouen et le Havre se menacent... mais ils en restent aux paroles... Maintenant, il faut que je vous remercie de votre bonne visite.

Mary-Annah. — Je vous la devais bien, et elle ne sera pas la dernière.

Air *de Kettly.*

Pour affranchir votre industrie,
Dont un voisin profita quelquefois,
Jusqu'aux confins de Haute-Normandie,
Je me suis dit, va montrer tes pavois ;
Quand l'ouvrier tisse au bord de la Seine,
Le chaud duvet du fécond cotonnier,
C'est bien le moins que mon pays l'amène,
Et le dépose au seuil de l'atelier.

SCÈNE VIII.

Les précédens. — Gros-Horloge.

Gros-Horloge. — Ah ! mademoiselle Basse-Seine, mauvaise affaire..., je ne puis pas me mesurer avec mon adversaire..., les régates sont tombées dans l'eau... ; le Havre est bien heureux !

Basse-Seine. — Expliquez-vous.

Gros-Horloge. — Un apothicaire a analysé la source de Sotteville, et il a trouvé qu'elle contenait tout ce qu'il faut pour constituer un bon bouillon de premier choix.

Basse-Seine. — Et alors?

Gros-Horloge — Alors, les actionnaires se sont décidés à le boire. Ils ont mis un bouchon au tuyau.

Basse-Seine. — Mais, que vont devenir mes joûteurs ?

Gros-Horloge. — Ils sont furieux.... ils disent qu'ils lutteront sur terre... (*Bruit dans la coulisse.*) Les entendez-vous ?

SCÈNE IXᵉ.

Les mêmes, — les Régatiers.

CHOEUR.

Air : *Allons, dépêchons.*

Ces cris bruyans, ce chaos, ce débat,
C'est l'image du monde ;
Dans son orgueil, chaque rang, chaque état,
Se dispute et se bat.

Gros-Horloge (*montrant successivement les personnages du groupe.*)

Le Mont-Riboudet
Contre Bonsecours, marche en guerre ;
La caiss' d'épargne est
En lutte avec le cabaret.
Du droit protecteur,
Le libre-échange est l'adversaire :
Jusqu'à ce clocher,
Chacun prétend se talocher.
Voyant qu'on le met,
De notre théâtre, à la porte,
L'abonnement porte
Un cartel à mort au cachet.
Mais, dans ces assauts,
Pour se défendre
Et se pourfendre,
Vraiment, les plus chauds
Ce sont nos trois journaux
Rivaux.

(*Reprise du chœur, pendant laquelle les trois journaux entrent et se disputent très vivement.*)

Gros-Horloge (*les montrant*). — Vous voyez... Mais je conçois leur colère, ils se livrent à la lutte de l'abonnement. Voici le *Nouvelliste* : j'aime assez sa méthode de rédaction ; le samedi on lit : demain dimanche, il y aura une revue de la garde nationale. Le dimanche, vous lisez : il y a aujourd'hui une revue de la garde nationale. Le lundi, on lit : hier, dimanche, il y a eu une revue de la garde nationale. Je trouve très bien de répéter trois fois la même chose, ça la grave mieux dans la mémoire, mais je demande qu'on diminue de deux tiers le prix de l'abonnement,

Basse-Seine. — C'est bien le moins.

Gros-Horloge. — Voici madame La *Normandie*... Superbe femme... elle a à son service deux *Patries*, elle peut en revendre à ceux qui n'en ont pas.... (*au Journal de Rouen.*) Monsieur le *Journal de Rouen*, j'aime beaucoup vos Ephémérides, beaucoup, beaucoup..., ça m'amuse de savoir ce qui s'est passé, il y a deux ou trois cents ans, au même jour, à la même heure.., où je bois, où je mange, où je dors... Quelle mémoire vous avez, monsieur!

Le Journal de Rouen. — A votre service.

Gros-Horloge. — Eh bien, j'en userai..., je veux me régaler d'un peu d'éphémérides..., je vais vous embarrasser...

Le Journal de Rouen. — Je vous en défie... Allez.

Gros-Horloge. — Que je me recueille un moment.... Ah ! que se passa-t-il en Perse le 14 juillet 480, à midi un quart ?

Le Journal de Rouen. — Xénophon embrasse l'état militaire et sa sœur ; il se retire à Corinthe où il fonde une fabrique de raisins secs.

Gros-Horloge. — Ah !... Que se passait-il en 348, à onze heures trente-cinq minutes?

Le Journal de Rouen. — Philippe de Macédoine perd un œil et jette l'autre sur son fils pour lui succéder. — Plus tard, à la même heure, Denis le Tyran, craignant pour sa vie, multiplie ses chambres à coucher... Rien ne lui paraissant assez sûr... il invente l'oseille. — En l'année 218, Annibal passe les Alpes.., les Italiens passent leurs pantalons et se sauvent.

Gros-Horloge. — Bravo !

Le Journal de Rouen. — En 335, Alexandre rencontre l'armée des Thraces et l'anéantit... ; de là, l'expression : Ne pas laisser de traces. — En 204, le soleil ayant mécontenté Josué, ce dernier le fait arrêter. — En 779, à minuit, les Perses inventent les cris persans.

Gros-Horloge. — Oh ! parfait!... parfait! (*Ritournelle de Fra-Diavolo.*) Mais, quels sont ces sons ci ? M'aurait-on dérobé mon timbre ? Que vois-je ? jusqu'à nos cloches qui s'en mêlent...

SCÈNE X.

Les précédents. — Vieux-Bourdon, — la Nouvelle-Cloche.

CHOEUR.

Air : *de Fradiavolo.*

Ce n'est pas fête   (*bis.*)
Pour le Bourdon
Dont on veut proscrire le son.
O pauvre cloche,
Ta note cloche,
Et le signal
De ta vieille voix t'est fatal.

La Cloche.

Pour moi c'est fête.   (*bis.*)
Du vieux Bourdon
Il faut enfin proscrir' le son.
O pauvre cloche
Ta note cloche,
Et le signal
De ta vieille voix t'est fatal.

Bourdon

Ce n'est plus fête   (*bis.*)
Pour le Bourdon,
Dont on veut proscrire le son.
On me reproche
Que ma voix cloche,
Et le métal
De ma vieille voix m'est fatal.

Basse-Seine (*à la Nouvelle-Cloche*). — Une lutte entre les deux cloches.... Vous êtes en désaccord avec le Vieux-Bourdon.

La Cloche. — C'est Gros-Bourdon qui est en désaccord avec lui-même.... Aussi on le chasse.

Bourdon. — Non, mademoiselle, on ne me chasse pas.... on me remercie... et c'est vous qui prenez ma place....

La Cloche. — Votre place.... je ne l'ai pas prise, je l'ai acceptée, vous êtes injuste, Bourdon.

Air : Le beau Lucas.

Quand le malheur vînt vous atteindre,
Chacun vous délaissa, mais moi
Je restai près d'vous pour vous plaindre,
Tout en remplissant votre emploi,
Depuis trois mois je vous suis à la trace,
Je vous console, et sur votre disgrâce,
J'fais avec vous du sentiment.
Mon cher, en fait d'remplacement,
Bien des gens qui prenn'nt des places
Ne les prennent pas si poliment.

Bourdon. — Eh bien ! ma chère, que la place vous soit légère.... Tout n'est pas rose dans notre profession....

Gros-Horloge. — Surtout quand les affaires clochent.

La Cloche. — Allons, voyons, père Bourdon.... soyez de bonne foi.... convenez-en : vous chantiez faux.

Bourdon. — Eh bien !... un peu.... un peu.... le soir, quand j'étais fatigué.

Gros-Horloge. — Et le matin aussi...,

Bourdon. — Peut-être. Mais à midi....

La Cloche. — C'était la même chose.... mais ce qui était plus grave, mon cher Bourdon.... c'est que vous chantiez sur deux tons... et nous ne voulons plus de cela.... Bientôt, il faut espérer que les choses, comme les hommes, seront en parfait accord.... et toujours à l'unisson.

Air :

Dans le siècle où nous sommes
Chacun fait la leçon;
La cloche dit aux hommes :
« N'ayez n'ayez qu'un son. »
Après les jours d'orage
Il faut que l'équipage
Chante, en étant d'accord,
Le plaisir d'être au port.

Le combat littéraire
Eut ses brillans soldats.
Paix dans le sanctuaire,
Mettons fin aux combats;
Regardons avec calme
Sous une même palme,
Corneille. Shak'spear, Byron,
Molière unit leur front.

Cessons la controverse,
En fait de pauvreté ;
Ensemble qu'on s'exerce
A fair'la charité.
Réformons la dépense
D'esprit et d'éloquence,
Abrégeons les i-cours,
Allongeons les secours.

Dans le siècle où nous sommes, etc.

(*Elle sort sur la ritournelle.*)

SCÈNE XI.

Les mêmes.

Tivoli (*entrant vivement avec un maître de danse et une Camargo.*) — Venez... venez ! je vous tiens et je ne vous lâche pas.

Basse-Seine. — Comment, encore une joûte ?

Tivoli. — Oui, mademoiselle Basse-Seine, la joûte la plus légère, la plus entraînante, la plus étourdissante : celle de la danse. Monsieur, va représenter la danse trumeau ; et moi, la danse contemporaine, autrement dite la danse échevelée ; elle a pris ce nom de ma coiffure. et, cependant, ce n'est point une danse perruque. Vous allez juger des deux régimes... (*au maître de danse*) à vous l'honneur, monsieur !

BALLET.

Air : De la Gavotte.

Nos ayeux, doux, galants et débonnaires.
          A leur bal,
Donnaient un cachet moral.
La gavotte offrait les vrais caractères
          De leur cœur,
Qui vivait dans la candeur...
     La pudeur sévère,
     La raison austère,   }
En cent ans n'pur'nt pas   } *Bis.*
Lui r'procher un faux pas.

Air : De la Fricassée.

La ville avait son menuet,
Auquel elle était exercée ;
Le peuple avait la fricassée,
Qui se dansait aux joyeux cabaret.
On voyait, aux porcherons,
Aux courtilles, des lurons
S'livrant aux joyeux ébats
Des flic flac, des six sols et des triples entrechats.
Amants et maris entraînés
Par leur ménagère en goguette,
Venaient apprendre à la guinguette
A se fair' mener par le nez.

Air : De la Monaco.

Cet air restera,
          Vivra
Dans la mémoire,
Et la monaco
Aura longtemps d'l'écho ;
Cett' dans' répond
Au souvenir de gloire
Qui s'est, dans l'histoire,
Inscrit en rigodon.
Sous Richelieu, s'déguisant un matin,
Un d'nos soldats avise un'sentinelle :
          Il va près d'elle
Un violon a la main ;
Puis il l'endort en lui jouant ce refrain :
Tra la la la, la la la, la la la,
Et les Français prennent la citadelle
          De Monaco... voilà
Comment ça s'joua.

Air : *De la Petite laitière.*

Voilà, voilà la petite laitière,
Que chez nos aïeux on dansait ;
C'était la dans' joyeuse et légère,
Par laquelle tout finissait,
Lorsque le bal se terminait.
Quand le drille
Quittait fille gentille,
Avant d'la rendre à sa famille,
Voilà comment il la r'merciait :
(*Il l'embrasse.*)

Tivoli.—Maintenant, à mon tour. En place pour la joyeuse contredanse !

(On danse deux ou trois des figures d'une contredanse. Galop général, sur lequel tout le monde sort à l'exception de Gros-Horloge qui se trouve un peu au fond, quand paraissent les deux Dames aux Camélias.)

SCÈNE XII.
Gros-Horloge, les deux Dames aux Camélias.

(Les deux Dames aux Camélias entrent d'un côté opposé, en fredonnant le refrain suivant :)

Ne croyons à rien,
Qu'à ce qui nous dit bien...

(Elles se rencontrent.)

1re Dame. — Vous, dans la Seine-Inférieure !...

2e Dame.—Vous y êtes bien vous-même !...

Gros-Horloge.—Ces deux dames me font l'effet de deux sœurs qui n'ont pas l'air d'être corrigées !

1re Dame (*apercevant Gros-Horloge*). — Voilà un être qui ne me paraît pas tout à fait étranger au théâtre... il a, sur l'estomac, une singulière répétition : faisons-nous connaître.

2e Dame.—Produisons-nous...

2e et 1re Dame (*à tour de rôle*). — Je me nomme Marguerite Gautier... la Dame aux Camélias.

Gros-Horloge. — Toutes deux.

2e Dame.—Je porte toujours cette fleur...

1re Dame.—Je n'aime que celle-là...

2e Dame.—Je n'en veux pas d'autre.

1re Dame. — Quand je veux dire à un homme que je l'aime...

Gros-Horloge. — Mes petites mères, si vous parlez toutes à la fois, nous ferons de la mauvaise besogne. Je donne la parole à celle qui sera la plus pressée.

1re Dame.—Je vous disais donc, monsieur, que d'une manière assez ingénieuse de faire savoir à un homme que je l'aime.

2e Dame.—Moi, aussi.

Gros-Horloge. — Voyons d'abord la méthode de l'une.

1re Dame.—C'est la même.

Gros-Horloge. — Alors... une suffit.

2e Dame.

Air : ... et cœtera, etc.

Qu'on pourrait [illegible] à force de cœur
[illegible] de la galanterie
[illegible] il est la fleur d'un jour.
[illegible] qu'elle se fane.
[illegible] toujours au cœur
[illegible]
[illegible] ville
[illegible] le flacon où la fleur est,
[illegible]
[illegible] son flacon
[illegible] la fleur parfait.
[illegible] la première brouille

Gros-Horloge. — C'est le langage des fleurs renouvelé de la Turquie.

1re Dame. — Ne prononcez jamais devant moi le mot renouvelé, ça me fait penser que j'ai des reconnaissances qui ne le sont pas.

2e Dame. — Qu'est-ce qui n'en a pas ?...

1re Dame. — J'ai oublié l'échéance près d'Armand.

Gros-Horloge. — Qu'est-ce que c'est que ça, Armand ?

Les deux Dames. — Qu'est-ce que c'est que ça... Armand... Armand... Mon Armand... Notre Armand...

Gros-Horloge. — Leur Armand.

1re Dame.—C'est à lui que j'ai dit de m'offrir la fleur fanée.

2e Dame. — Et moi aussi.

Gros-Horloge.—Il paraît que ces dames ont une société en participation... et le nommé Armand s'est jeté à vos pieds...

1re Dame. — S'il fallait écouter tous ceux qui se jettent à mes pieds, je n'aurais pas même le temps de prendre un bouillon sur le pouce... Je me suis jetée à la tête d'Armand.

2e Dame. — Moi aussi.

Gros-Horloge.—Comme de raison.

1re Dame. — Il était pourtant bien agaçant, cet être là... il voulait toujours me faire prendre de la jujube... parce que j'ai une petite toux sèche... (*Elle tousse, la 2e Dame l'imite.*) Je ne l'aimais pas, Monsieur.

Gros-Horloge. — La jujube ?

1re Dame. — Armand... Mais petit à petit je m'y suis accoutumée...

Gros-Horloge. — A Armand ?

1re Dame. — A la jujube... et à Armand.

Gros-Horloge. — Et vous aussi, sans doute ?

1re Dame.— Ça devint une passion affreuse... monsieur ; je suis une créature de hasard... voyez-vous... Je laissai le hasard faire de moi ce qu'il voulut... J'avais des meubles neufs, je les vendis pour aller flâner avec Armand, et n'ayant plus de local, nous enfermâmes notre double existence l'une dans l'autre.

Gros-Horloge.—C'était une économie de loyer.

1re Dame.—Un jour, un homme de moyen âge et de taille idem se précipite dans mon appartement et à mes pieds; il étreint de ses lèvres mes brodequins, comme le lichen enlace le granit... il me déclare qu'il ne se relèvera pas avant que je lui promette de lui accorder ce qu'il désire... Mais, monsieur, expliquez-vous... Pas un mot de réponse... Je ne pouvais pas garder cet homme à mon brodequin toute la vie... Eh bien! monsieur, lui dis-je... puisqu'il en est ainsi... ordonnez... demandez... faites votre carte vous-même.

Gros - Horloge. — Fichtre !... (*A la 2e Dame.*) Et vous aussi, vous lui avez dit de faire sa carte ?... (*Elle fait un signe approbatif.*)

1re Dame.—Alors il se relève... et me dit: Je suis le père d'Armand, et je vous demande de me rendre mon fils que vous monopolisez, ou bien toute notre famille va s'asphyxier... et nous sommes beaucoup... La pensée de voir toute une génération la tête penchée sur un réchaud de charbon... pour moi... dont personne ne voudrait être la femme, la sœur, la cousine... pour moi qui me suis quelquefois courbée au point de me laisser tutoyer par mon portier... je n'eus pas la force de résister... On me pria de faire semblant d'être parjure, perfide, volage et de confesser à Armand une fausse infidélité... Vous me plaignez , monsieur... et vous pleurez !...

Gros-Horloge. — Mais non... non... je ne pleure pas du tout.

1re Dame. — C'est égal, merci pour les larmes que vous pourriez répandre. (*reprenant.*) Je fis des études profondes pour avoir l'air d'une femme infidèle.... Je réussis au-delà de mon espérance.... Je mis tant de vérité dans mon jeu... qu'Armand donna dedans....

2e Dame. — Je fis comme madame.

1re Dame. — Le plus malin s'y serait trompé. Armand, me croyant perfide, cherche de la distraction dans le domino.... pas le domino du bal masqué... mais le domino à quatre.

Gros-Horloge. — Le domino du bal masqué est quelquefois aussi un domino à quatre.

1re Dame. — Enfin par une de ces fatalités qui n'arrivent qu'à ceux qui dînent à 25 sous après avoir dîné à 25 francs, deux ans après je trouvai Armand dans une table d'hôte de la banlieue.... Au premier service, lui et moi fûmes plus troublés que l'eau filtrée qu'on nous servait.... Oh ! quel jeu serré nous jouâmes, monsieur, pour nous faire croire infâmes! Oh ! que j'eus bien l'air d'une pas grande chose, et lui d'un grand vaurien.... Comédie de l'orgueil.... Drame du cœur....! Un mois après , le pot aux roses était découvert : Armand savait que j'étais une bonne fille.

Gros-Horloge. — Ah! tant mieux.

1re Dame. — Et il fut question du Conjungo.

Gros-Horloge. Avec Armand ?

1re Dame. -- Parbleu! et avec qui donc?... Aussitôt qu'il m'eut pardonné, je me sentis un bien-être incroyable... j'aimais à me pencher sur le bras d'Armand.... il me semblait que je m'y assoupissais... que j'y rêvais... je lui demandais de me parler en m'endormant... Armand! parle-moi !...

(*Elle ferme les yeux.*)

Gros-Horloge. — Eh bien ! elle fait sa sieste.

2e Dame. — Scène six, acte cinq.

1er Dame. — Armand, donne-moi ta main... j'éprouve le besoin de mourir.

Gros-Horloge. — Ah! mon Dieu.... elle me fait peur... appelez du secours !

2e Dame. — Mais non... il faut que vous compariez les deux méthodes... (*elle se jette dans ses bras.*) Ah ! que je me sens bien!

Gros-Horloge. — Otez-vous donc, je me sens fort mal, moi.

2e Dame. — J'éprouve un bien-être que je n'ai jamais éprouvé... je veux vivre... Armand... Ah !... (*elle pousse un cri, puis se relevant.*) Voyez-vous que je meure mieux qu'elle ?

1re Dame (*se relevant.*) — Ce n'est pas vrai (*elle se replace dans le bras de Gros-Horloge la 2e Dame l'imite.*)

Gros-Horloge. — Ah ça, ce duel épileptique va-t-il bientôt finir ?.. (*sur la ritournelle de l'air suivant, les deux Dames aux Camélias se redressent.*)

1re Dame.

Air : *De la Dame aux Camélias.*

Des jeux de la scène en faveur,
Toutes ici nous sommes les apôtres.

Gros-Horloge

Je ne suis pas à la hauteur,
J'en aimerais mieux d'autres.
Pudeur et maintien,
N'gâtent jamais rien ;
Pour rire, je préfère,
Au genre fiévreux,
Les types joyeux
Que nous donnait Molière.

ENSEMBLE.

Gros-Horloge.

Pudeur et maintien,
N'gâtent jamais rien ;
Pour rire, etc., etc.

Les deux Dames.

Pudeur et maintien,
Ça ne mène à rien.
Et pour moi je préfère,
Le type fiévreux
Au genre très ennuyeux
Que rêvait Molière.

(*Les deux dames se rencontrent dans le fonds, et sortent sur la ritournelle, en se donnant le bras.*

SCÈNE XIIIe

Gros-Horloge, puis **Basselin.**

Gros-Horloge. — On dit que la comédie est un miroir..... si la société se regarde dans celui-là..... elle doit se trouver un peu décolletée.

Basselin (*il arrive en chantant et en sautant*).

Air : *Nous avons-t-i bu.*

Vive la chanson,
Vive la boisson,
Viv' tout c' qui fait rire.
A bas la raison,
Folle qui conspire!
La tristesse est un poison.

Gros-Horloge. — A la bonne heure, en voilà un qui n'engendre pas le drame larmoyant; il veut qu'on chante.

Basselin. — Oui, Monsieur Gros-Horloge, je veux qu'on chante ici plus que partout: car la Normandie est l'antique berceau du flonflon.

Gros-Horloge. — Ah !

Basselin

Air *de la Colonne.*

Par des flonflons charmons la comédie!
Nous le devons par orgueil, par honneur,
Notre pays est l'antique patrie
De l'art joyeux dont Scribe est professeur
Et dont chacun en France est amateur.
Dans nos vallons de Vire au ciel tranquille,
Un troubadour inventa ces doux chants,
Et les Vaux de Vire normands
Prirent le nom de vaudeville.

Gros-Horloge. — Ah ! vaudeville vient de Vau de Vire ?.. mon journal m'avait laissé ignorer cela.

Basselin. — Le grand-père du vaudeville est Olivier Basselin, le Normand, dont je suis l'arrière-fils de petits-fils, de fils en fils.

Gros-Horloge. — Très bien !... très bien !... Je disais aussi, voilà un petit gaillard qui a l'œil normand.

Basselin. — Et le cœur aussi... et je veux faire aimer encore en Normandie ce qu'on y a aimé, jadis la bonne gaîté, la joyeuse chanson et le virelai d'amour... en style moderne, la gaudriole.

Gros-Horloge. — Vous avez ce qu'il faut pour faire aimer tout cela.

Basselin. — Ce mot est flatteur.

Gros-Horloge. — Jeune homme, nous rendons hommage à Basselin dans la personne de ses successeurs.... Nous honorons les talents... en Normandie.

Basselin. — Ce n'est pas assez....

Gros-Horloge. — Nous les admirons....

Basselin, — Ce n'est pas assez.

Gros-Horloge. — Ah ! je vous comprends.... Jouons cartes sur table....Vous trouvez que nous ne sommes pas assez.... (*il joue du pouce.*) Tranchons le mot.... assez.... assez.... Je ne trouve pas l'expression.

Basselin. — Oui, c'est cela....

Air : *De ma Céline.*

Ne soyons pas trop économes
Quand il s'agit de nos beaux-arts ;
Il faut, dans le siècle où nous sommes,
Qu'au soleil ils trouvent leurs parts.
Tendez leur des mains tutélaires....
L'on peut bien, entre nous soit dit.
Posséder l'esprit des affaires
Et fair' les affair's de l'esprit.
En gardant l'esprit des affaires,
Faisons les affaires de l'esprit.

Gros-Horloge. — Je suis de votre avis, mon jeune ami ; nous tâcherons d'arranger tout cela..... à votre goût.... de façon à satisfaire votre joyeux aïeul.

Basselin. — Je n'en demande pas davantage.... (*...pri de trompettes.*) Que nous annonce ce bruit guerrier?

Gros-Horloge. — Les chasseurs du 11e, qui devaient prendre part à la lute, ne veulent pas être montés à cheval pour rien. Ils vont exécuter ici un carrousel.

CARROUSEL.

(Tous les personnages sont rentrés, excepté Basse-Seine et le Havre.)

(Après le carrousel.)

Basse-Seine (*en dehors.*). — Laissez-moi !... Laissez-moi !...

Basse-Seine (*entrant poursuivi par le Havre*). — Laisse-moi, vous dis-je....

Le Havre. — Non.

Gros-Horloge. — Arrêtez...

Le Havre. — L'homme au cadran.... (*Il la saisit violemment.*) Ah ! je suis aise de te trouver.... Rends-moi mes vaisseaux.... ma Tour de François 1er.

Gros-Horloge. — Mais il est toqué!... vous êtes toqué, mon cher.

Le Havre. — Toqué!...

Gros-Horloge. — Ou vous rêvez.

Le Havre. — Rêver !... (*Regardant autour de lui, puis dans la salle.*) Mais, en effet. Il me semble que je retrouve plusieurs personnes de ma connaissance... (*S'arrêtant au trou du souffleur.*) Et celui-là... qui n'a jamais eu que le souffle... il ne vivrait plus, si cent ans s'étaient écoulés depuis... si j'avais vingt lustres de plus sur ma toque...

Gros-Horloge. Cent ans !... vingt lustres!...

Le Havre (*dramatiquement.* — Attendez !... oui... c'est cela.. non... (*Comiquement.*) Eh ! si !... Je me suis endormi... Si vous saviez quel rêve j'ai fait !... (*Mouvement de curiosité.*) Figurez-vous que nous étions en 1952, et que le Havre et Rouen ne formaient plus qu'une seule ville... dont la grande rue était la Seine...

Basse-Seine. — Votre songe pourra bien devenir une réalité.

Le Havre. — Alors, on en verra de drôles !... (*Il parle à l'oreille de quelques personnes auxquelles il semble raconter à voix basse son rêve.*

Tous. — Ah !... ah !... Est-ce bien possible ?...

(Vaudeville sur la ronde, répétée en refrain.)

Le Havre.

Air : *Les Gueux.*

Quel changement,
Quel rêve étonnant,
Que d'objets charmans,
A Rouen, dans cent ans !
Plus d'intrigues, de caprices :
En frères l'on s'aimera :
Rouen crira : Dieu vous bénisse!
Quand le Havre éternûra !

La Bouille.

Comme aujourd'hui, vers la Bouille.
L'amour en voyage ira;
Mais, de peur qu'il ne se mouille,
En ballon il voguera.

Journal de Rouen.

L'avenir rendra tranquille
Le sort des pauvres chevaux ;
Les fiacres de notre ville
S'ront traînés par des chameaux.

Gros-Horloge.

Nous livrant à la culture
Des arts de tout l'univers,
Nous irons, sur la verdure,
Voir... le ciel à l'envers.

Tivoli.

Nous aurons des publicistes.
Mais, dans ces temps fortunés,
Ce seront les journalistes
Qui paieront les abonnés.

La Cloche.

Boieldieu, Corneill', possèdent
Un fauteuil, grâce au sculpteur,
J'vois dans l'av'nir qu'ils le cèdent
Pour asseoir les spectateurs.

Mary-Annah.

Le théâtre, avec délices.
S'ra d'un nouveau chic.
Et ce seront les actrices
Qui vot'ront sur le public.

Tivoli.

Quand Paris s'ra que'qu' brioche.
Comme il en fait d'puis longtemps.
Il demand'ra par le coche
L'avis des départemens.

La Carme.

Dans le coton, dans la laine.
Les profits seront si bons
Qu'les ouvriers, chaqu' semaine,
Feront la paye aux patrons.

Le Havre.

Dans l'espace, sans qu'il bouge.
Un messag' sera porté.
Et Saint-Ouen sera tout rouge
A force d'être gratté.

Basse-Seine.

Toutes les pièces nouvelles,
Ayant des couplets charmans,
Seront vives, spirituelles,

La Cloche. *s'approchant.*

C'est une question de temps.
Ce soir l'esprit
Est en déficit,
Soyez indulgens,
Venez dans cent ans.

Basse-Seine et La Cloche.

Ce soir l'esprit, etc.

REPRISE GÉNÉRALE DU CHOEUR.

Quel changement, etc.

RONDE.

(Le rideau tombe.)

ROUEN. — Imprimerie de LECOINTE frères.
6, rue Cauchoise, 6.

9 782329 441429